# Tiens Bon, TiCo !

**Michel Girin** vit à Brest. Après dix ans de recherches sur les poissons marins, il a couru le monde pour y construire des fermes aquacoles et lutter contre les pollutions. C'est ainsi qu'il s'est retrouvé au Chili. C'est en regardant les vagues déferler sur les falaises qu'il a imaginé l'histoire de Tico.

**Olivier Desvaux** est diplômé de l'École des arts décoratifs de Paris. Il adore la peinture à l'huile, et peint partout, en voyage ou dans son atelier.


Dépôt légal : mai 2012
ISBN : 978-2-7470-3856-0
Loi 49-956 du 16 juillet 1949 sur les publications destinées à la jeunesse.

# Tiens Bon, Tico !

Une histoire écrite par Michel Girin
illustrée par Olivier Desvaux

J'aime lire Plus
bayard poche

# 1
# Le cancre

Malgré tous ses efforts, Tico n'arrivait pas à suivre les explications du maître. Les mots entraient bien dans ses oreilles. Mais ils ne parvenaient pas à s'assembler dans sa tête en phrases compréhensibles.

Ses oreilles entendaient les mots « conjugaison », « écouter » et « présent ». Mais il ne parvenait pas à comprendre si le maître demandait de conjuguer le verbe « écouter » au présent ou qu'on l'écoute à présent expliquer une conjugaison. Ses oreilles enregistraient bien les mots « multiplier », « dix », « huit » et « trois ». Mais il ne comprenait pas si le maître voulait le résultat de dix multiplié par huit multiplié par trois ou le résultat de dix-huit multiplié par trois.

Son cerveau n'était pas à la hauteur. Les mots qui sortaient de la bouche du maître s'y mélangeaient en une bouillie informe. Il était incapable de comprendre les questions les plus simples. Interrogé, il ne pouvait que répondre au hasard.

– Écoutez bien ! enjoignit le maître en parcourant la classe d'un regard qui sentait la punition. La règle que je vais vous expliquer maintenant est fondamentale. Je dis bien FONDAMENTALE !

Il ponctua le E final d'un coup de règle en fer sur le plateau de son bureau.

– Quand j'aurai fini mon explication, j'interrogerai l'un de vous, ajouta-t-il. Gare à qui n'aura pas bien écouté.

Des voix dans la classe chuchotèrent « Tico, Tico ».

– Oui, cela s'applique même à toi, Tico, confirma le maître.

Tico baissa la tête. Il savait d'avance ce qui allait se passer.

Le maître demanderait : « Tico, répète la règle que je viens d'énoncer. »

Tico en serait incapable. Le maître contournerait son bureau et viendrait se placer devant lui, règle de métal à la main. Sa moustache gris sale frémirait de colère. Ses grosses lèvres éructeraient : « Tico, qu'est-ce que je t'ai demandé ? »

Tico répondrait n'importe quoi et tendrait les mains devant lui, résigné. La lourde règle s'abattrait sur ses doigts encore douloureux de la punition précédente. Il se mordrait la langue pour ne pas crier. Des larmes lui embueraient les yeux. Le maître demanderait à la cantonade qui voulait répondre pour Tico-le-cancre. Pépé-je-sais-tout et Jorge-le-malin lèveraient la main aussitôt en criant : « Moi, m'sieur ! Moi, m'sieur ! »

L'heureux élu donnerait fièrement la bonne réponse. Et le maître assènerait à Tico le coup de grâce : « Si tu ne fais pas plus d'efforts, tu finiras comme ton père, petit crétin. Un poids mort pour ta famille. »

Tico avalerait sa salive en retenant péniblement le plus gros de ses larmes.

L'école était un supplice pour lui. Le maître le traitait de cancre, le punissait plus qu'à son tour et disait du mal de son père. Tico détestait l'école et le maître.

Tico ferma les yeux. Une image de roches battues par la houle et couvertes de locos emplit aussitôt son cerveau. La pêche de ces gros escargots de mer à la coquille presque plate était sa passion. Les locos broutaient ce qui pousse au pied des falaises, dans les éboulis battus par le déferlement des grandes vagues du Pacifique.

Pour devenir pêcheur de locos, il suffisait d'un couteau et d'une bonne dose de courage. Les

pêcheurs de locos jouaient constamment à la vie et à la mort avec les falaises et les vagues. Un jour ou l'autre, l'un d'eux finissait par perdre.

Quand la demande de main-d'œuvre sur les chantiers de construction avait chuté, le père de Tico s'était fait pêcheur de locos. Il avait perdu en remontant une falaise avec un plein sac de coquillages sur le dos. Une roche d'apparence solide s'était détachée d'un coup. La chute lui avait brisé la colonne vertébrale. Il n'était plus pour sa famille qu'une bouche inutile à nourrir.

La mère de Tico avait trouvé un emploi de serveuse au café-restaurant de Don Miguel, le maire du village. Son salaire était trop maigre pour nourrir toute la famille. Raul, l'aîné des enfants, avait dû quitter l'école et remplacer le père à la pêche aux locos. Mais il avait peur des vagues et il ne rapportait pas grand-chose. Sa sœur Léna avait dû elle aussi quitter l'école. Elle avait été prise pour faire la plonge au café-restaurant de Don Miguel. Elle n'était pas payée, mais elle était nourrie et pouvait emporter une part des retours en cuisine.

Tico avait neuf ans. Il était plus souple et plus adroit qu'aucun autre enfant du village. Il n'avait peur ni des falaises à pic, ni du fracas des déferlantes. Il voulait être pêcheur de locos. Sa mère avait refusé. Il ne quitterait pas l'école avant de savoir lire, écrire et compter.

– Tico ! Qu'est-ce que je viens de dire ?

Tico sursauta. Il avait totalement oublié le maître. Il était bon pour un coup de règle sur ses doigts douloureux. Une forêt de mains s'était levée pour répondre à sa place. Le maître choisit le gros Pablo, sans se donner la peine de quitter son bureau pour châtier le cancre de la classe.

Tico soupira, soulagé d'avoir échappé à un nouveau coup de règle. Il se força à plus d'attention. Mais des rafales de pluie sur le toit de tôle le ramenèrent aux ramasseurs de locos. Le grain qui menaçait depuis l'aube était arrivé. Là-bas, sur la côte, les roches auxquelles les hommes s'agrippaient devaient être aussi glissantes que des savonnettes.

La course des nuages dans le ciel attira le regard de Tico comme un aimant. Le maître s'en rendit compte, prit sa règle de fer et commença à contourner son bureau pour aller se planter devant Tico. Heureusement, la cloche sonna la récréation. Le maître retourna à son bureau et déposa délicatement sa règle dans la rainure à crayons. Elle restait toujours là entre les cours, avec interdiction formelle aux enfants d'y toucher. Aucun ne s'y serait hasardé.

– En rangs par deux, en silence ! cria le maître en claquant dans ses mains.

Les élèves formèrent les rangs et sortirent en bon ordre, sous le regard sévère du maître. Aussitôt la porte refermée derrière eux, ils se dispersèrent dans la cour de récréation en criant. Ils ne virent pas dans la classe le maître se crisper soudain, porter la main à son cœur et s'écrouler au pied de l'estrade.

# 2
# Les locos

Les pompiers furent appelés trop tard. Ils eurent beau faire de leur mieux, le cœur du maître ne repartit pas.

Pendant une semaine, la classe n'eut pas de maître. Les enfants passèrent leurs journées dans la cour de récréation. Puis, un matin, ils découvrirent qu'une maîtresse remplaçante les attendait.

C'était une métisse indienne et certains enfants grimacèrent. Dans la région du Bio Bio, au sud de Talcahuano, les maîtresses métisses se comptaient sur les doigts d'une seule main. Même misérables, beaucoup de parents d'élèves chiliens étaient trop fiers de leur parenté avec un conquistador espagnol pour admettre que leurs enfants soient éduqués par une métisse.

Tico s'en moquait. Il avait lui aussi du sang indien. Il tomba raide amoureux de la maîtresse remplaçante au premier regard. Elle était merveilleusement belle, avec sa longue natte noire qui lui battait les reins. Sa robe légère semblait voler autour d'elle. Surtout, elle souriait constamment et elle parlait d'une voix douce comme une caresse de maman.

Elle demanda qu'on l'appelle non pas « maîtresse », mais « mademoiselle Juana ». Et elle rangea la règle en fer de son prédécesseur dans l'armoire derrière elle.

Quand mademoiselle Juana commença à expliquer, Tico n'en crut pas ses oreilles : il comprenait tout ! La maîtresse employait des mots clairs, assemblés en phrases courtes, qui entraient dans son cerveau sans effort. Quand elle vit que la moitié de la classe butait encore sur des multiplications simples, elle expliqua la multiplication avec des petits bâtons qui venaient s'aligner l'un à côté de l'autre, comme des mouettes sur un rocher.

– Deux fois six, regardez !

Mademoiselle Juana traça six bâtons au tableau, les entoura d'un cercle, ajouta plus loin six autres bâtons qu'elle entoura d'un autre cercle, et écrivit le chiffre « 6 » dans chaque cercle. Puis elle, ajouta un «+» entre les deux cercles, traça un grand cercle qui englobait l'ensemble et fit compter les bâtons à haute voix par la classe.

Un, deux. Stop. Trois, quatre, cinq, six, sept, huit, neuf, dix, onze, douze. Stop. Le compte y est. Six plus six égale deux fois six, égale douze, conclut-elle en écrivant sous le grand cercle : 6 + 6 = 2 x 6 = 12.

Son sourire enveloppa la classe, cherchant l'approbation de tous.

– Le résultat est toujours le même, annonça-t-elle. Que ce soit avec des bâtons, des allumettes, des cailloux ou des mouettes. Vous pouvez même essayer avec des locos.

Tico était émerveillé. C'était magnifiquement simple. Jamais le maître n'avait expliqué les choses ainsi. Il essaya le soir même, avec des cailloux, puis des grains de maïs, puis des locos. Il trouva chaque fois le même résultat. C'était magique !

Deux semaines plus tard, quand mademoiselle Juana écrivit au tableau : « 8 x 3 - 5 = ? », Tico fut parmi les premiers à lever la main. Les autres enfants le regardèrent, ébahis : il n'avait jamais levé la main auparavant. Des sourires amusés et des chuchotements firent le tour de la classe. Un mot d'ordre courut sur les lèvres :

– Laissez le cancre répondre !

Les mains levées autour de Tico s'abaissèrent. La maîtresse s'en étonna mais ne s'en démonta pas pour autant.

– Apparemment, tes camarades veulent entendre ta réponse, Tico... Je t'écoute, dit gentiment mademoiselle Juana.

Tico avala sa salive. Toute la classe le regardait, mi-étonnée, mi-ironique.

– Dix-neuf, annonça-t-il d'une voix tendue.

– Exact, Tico, confirma joyeusement la maîtresse.

Elle alla au tableau noir, aligna trois séries de huit bâtons, compta 24, effaça cinq bâtons, raya 24, compta :

– 23, 22, 21, 20, 19, en repliant cinq doigts l'un après l'autre, écrivit 19, se retourna et sourit à Tico.

Tico leva régulièrement la main au cours des mois qui suivirent. Il ne répondit pas toujours juste. Mais jamais la maîtresse ne l'appela Tico-le-cancre.

À un mois de la fin de l'année scolaire, son frère Raul fut emporté par une lame[1] traîtresse sous les yeux d'un autre pêcheur de locos qui ne put rien faire pour le secourir. Cruelle, la mer ne rendit pas

1. Une lame : une forte vague.

son corps. Ce fut un terrible choc pour Tico. Il fut incapable de manger quoi que ce soit pendant trois jours. Même après, il dut se forcer pour avaler. La nourriture n'avait plus de goût.

Il savait que Raul allait à la pêche aux locos la peur au ventre. Avant, il l'accompagnait le plus souvent possible, parfois même des jours d'école, quitte à arriver en retard en classe, avec une excuse vaseuse. Mais depuis l'arrivée de mademoiselle Juana, il ne manquait pas une minute d'école. Il s'en voulut. S'il avait accompagné son frère ce matin-là, il aurait peut-être pu le sauver.

– C'est à toi d'y aller, maintenant, Tico, dit sa mère quand ses larmes commencèrent à se tarir. Je ne gagne pas assez pour nous nourrir tous.

Six mois plus tôt, Tico aurait pris sans hésiter le chemin des falaises, trop heureux d'échapper aux coups de règle et aux sarcasmes du maître. Mais là, il demanda un délai jusqu'aux vacances scolaires.

Il n'obtint que deux jours de répit, jusqu'à la fin de la semaine.

Mademoiselle Juana intercéda pour Tico auprès de sa mère.

– Votre fils a pris le goût d'apprendre, expliqua-t-elle. Il fait d'énormes progrès. L'enlever de l'école maintenant serait le priver d'avenir.

La mère de Tico en convint. Mais les mains de son mari étaient trop maladroites pour

les petits travaux de menuiserie ou de vannerie que sa paralysie aurait permis. Elle avait deux enfants et un homme impotent à nourrir. Elle ne pouvait pas y parvenir sans l'argent des locos que rapporterait Tico.

# 3
# La Pêche

Tico avait souvent accompagné son père, puis son frère à la pêche aux locos. Mais il n'y était jamais allé seul. Il avait un couteau, un sac et une corde. Au petit matin, il les assura sur le porte-bagage du vieux vélo de son père et partit vers les falaises. Même au plus bas, la selle du vélo était trop haute pour lui. Il dut faire l'essentiel du trajet sur le cadre, en se contorsionnant pour pédaler.

Chaque pêcheur avait son coin de falaise attitré qu'il défendait farouchement. Il n'était pas rare que les différends se règlent au couteau à locos.

Le coin de pêche du père de Tico avait été pris par deux hommes dès le lendemain de l'accident. Raul avait dû se rabattre sur un coin bien moins productif. Tico le découvrit déjà occupé par un boiteux qui l'en chassa à coups de pierres. Il perdit sa journée à chercher sans succès un coin inoccupé.

Les jours suivants, il essaya tous les coins de pêche dont on ne le chassa pas. Il n'y ramassa que quelques dizaines de locos de petite taille. Il tenta alors de se glisser discrètement dans des coins de pêche déjà pris. Il y ramassa plus de coups que de locos. Désespéré, il demanda conseil à son père.

– Tu es plus souple et plus léger que quiconque, répondit celui-ci après avoir longuement réfléchi. Tu peux essayer la pointe du Galion. J'y suis allé autrefois, quand j'étais jeune et téméraire.

Tico regarda son père d'un œil nouveau. La pointe du Galion était la zone la plus battue de la côte, avec des locos plus beaux que partout ailleurs. Mais les déferlantes y étaient monstrueuses et la falaise abrupte était faite de roche friable. Plusieurs ramasseurs de locos y avaient perdu la vie. Plus personne ne s'y risquait.

Tico hésita une semaine entière avant de se résoudre à suivre le conseil de son père. La falaise dominait la mer de plus de soixante-dix mètres. En bas, les vagues explosaient sur les rochers dans un fracas impressionnant. Tico faillit renoncer. C'était une folie ! S'il parvenait à descendre sans se rompre le cou, il n'échapperait pas aux déferlantes.

« N'essaye pas le passage de droite, lui avait dit son père. Vu d'en haut, il paraît moins difficile. Mais il est extrêmement dangereux à mi-hauteur. Prends à gauche. J'ai planté autrefois un piton au sommet, sous une roche, pour fixer ma corde. Tu reconnaîtras la roche facilement, elle a la forme d'une tête de crapaud tournée vers le large. Le piton est caché dans le roncier, sous le menton du crapaud. Les dix premiers mètres sont à pic. Tu joues ta vie sur la solidité de ta corde. Au bout de vingt-cinq mètres, tu trouves une roche plate pour te reposer. Après, cela devient plus facile. Je l'ai fait trois fois. »

La corde de Tico ne mesurait que trente mètres mais elle était solide. Il devrait la réserver pour la partie la plus dangereuse et nouer au bout celle de Raul, plus vieille et plus usée.

Il trouva le piton que son père lui avait indiqué, tout rouillé mais encore solide. Il y attacha sa corde et commença la descente, en prenant bien soin de ne pas regarder vers le bas. À l'approche du bout de sa corde, il trouva la roche plate annoncée par son père. Il s'y reposa un moment, jusqu'à ce que cessent les frissons qui l'agitaient.

Au-dessous, la pente se faisait moins rude. Tico discerna un passage sur la droite, difficile mais praticable. Il décida de descendre jusqu'en bas, pour voir. Il y parvint au prix de mille difficultés. La roche était vraiment friable tout au long de la descente. Il devrait vérifier chaque prise avec soin à la remontée.

Vues de près, les déferlantes étaient réellement monstrueuses ! Tico hésita, tenté d'aban-

donner. Les locos affectionnaient les failles dans les rochers. Il fallait se glisser dans l'une d'elles au reflux d'une vague, repérer un coquillage de bonne taille, le décoller, s'en saisir et s'échapper avant la vague suivante. Tout se jouait sur le coup d'œil et la souplesse.

Tico repéra une faille sur la gauche entre deux énormes rochers. Un geyser en giclait à chaque déferlante. Mais elle se vidait entièrement entre deux vagues et une sorte d'escalier naturel permettait d'en remonter facilement.

Tico assujettit son sac à sa taille et tira son couteau de sa gaine. Oserait-il ? Trois fois, il se lança, pour reculer aussitôt. La quatrième fois, il s'engagea dans la faille. Mais il n'osa pas descendre assez bas et remonta bredouille. À la cinquième tentative, il osa descendre plus bas. Quatre locos, dont un énorme, de la taille d'une main d'adulte, étaient collés côte à côte sur la paroi.

Tico dut se forcer pour respecter les règles que son père lui avait répétées plus de cent fois « une main pour le loco, l'autre pour toi » et « un seul loco à la fois, la vague n'attendra pas ». Il décolla le gros loco avec son couteau, le saisit de la même main, le jeta dans son sac, résista à la tentation de décoller un deuxième coquillage, prit appui sur son autre main et jaillit de la faille. Un geyser marin le suivit de près, le douchant des pieds à la tête.

Il recommença vingt fois, dans cette faille et dans deux autres. Il récolta un loco à chaque fois, dont cinq énormes. Il prit alors un peu de repos. Puis il attacha son sac au bout de la corde de Raul et il entama la remontée.

Les deux premiers tiers lui valurent deux grosses frayeurs, quand des roches friables lâchèrent l'une sous son pied gauche, l'autre, un peu plus haut, sous sa main droite. À chaque fois, heureusement, un deuxième appui lui permit de se rattraper. La falaise du Galion accumulait vraiment tous les dangers !

La fin de l'escalade fut aussi impressionnante que la descente. Tico ne parvint en haut qu'à force de volonté. Le souffle court et les bras douloureux, il se laissa tomber à plat dos dans l'herbe rêche du sommet de la falaise. Il était désespéré. Jamais il n'oserait recommencer !

Au-dessus de lui, des goélands jouaient avec le vent. Ils montaient, descendaient, viraient, se servant adroitement des turbulences pour manœuvrer sans effort. Les tremblements qui secouaient Tico s'estompèrent peu à peu. Une idée s'imprima en lui. Il ne devait pas tenter de se battre contre la nature, mais se fondre en elle.

Il se leva, remonta sa corde et détacha du bout son sac plein de locos énormes. Il le brandit vers la mer et cria son bonheur dans le vent. Il retournerait à la pointe du Galion ! Il deviendrait le roi des locos !

# 4
# Le roi des locos

Les très gros coquillages étaient particulièrement recherchés par les acheteurs des villes. Tico vendit sa récolte un très bon prix au grand Juan, le meilleur grossiste du village. Le grand Juan livrait des clients jusqu'à Santiago, la capitale du Chili.

Tico retourna à la pointe du Galion les jours suivants. Il put bientôt acheter une corde assez longue pour atteindre le pied de la falaise et remiser la vieille corde de Raul, qui menaçait de se rompre.

Le bruit se répandit vite qu'il avait trouvé un coin en or. D'autres ramasseurs le suivirent pour découvrir son secret. Tico brouilla les pistes autant qu'il put. Mais plusieurs jeunes comprirent et deux d'entre eux osèrent tenter la descente.

Le plus léger s'en tira sans dommage. Le plus lourd se démit un bras sur une roche friable qui céda à la remontée. Il fallut mobiliser la dépanneuse du garage pour le treuiller jusqu'en haut.

Pendant deux semaines, plus personne ne tenta la périlleuse descente. Puis d'autres s'essayèrent

à l'occasion. Peu descendirent jusqu'en bas. Pas un n'y retourna deux fois.

Seul Tico rassemblait la légèreté, la souplesse et la détermination nécessaires. Il n'eut plus à se cacher pour aller à la pointe du Galion. On se mit à l'appeler dans le village Tico-des-locos.

À la rentrée scolaire, mademoiselle Juana revint à la charge pour convaincre la mère de Tico de le renvoyer à l'école. Celle-ci refusa. Elle avait besoin de ce que gagnait son fils. Mademoiselle Juana proposa de donner des cours du soir au garçon.

– Merci mademoiselle, répondit sa mère, mais je n'ai pas les moyens de payer.

– Je ne veux pas d'argent, dit mademoiselle Juana en secouant la tête. Mon père est un grand amateur de locos. Deux gros coquillages chaque samedi me suffiront en paiement.

– Maman, dis oui ! S'il te plaît ! supplia Tico.

La mère de Tico accepta. Le garçon travailla une heure tous les soirs avec mademoiselle Juana. Tous les samedis, avant qu'elle prenne le car pour passer le dimanche en famille, il lui apportait deux très gros locos.

Un matin, Tico eut une mauvaise surprise au moment de remonter. Sa corde avait disparu. Pourtant, il était sûr de l'avoir solidement attachée au piton du sommet, comme chaque fois.

Il frissonna. Quelqu'un avait volé sa corde, le condamnant à une chute inéluctable s'il tentait de monter à

mains nues. Voler la corde d'un autre était le pire des crimes dans le monde des ramasseurs de locos.

Tico se laissa tomber assis sur une roche. Appeler ? Personne ne l'entendrait. Il était prisonnier de la falaise. Il n'avait pas d'autre solution qu'attendre jusqu'au lendemain. Sa mère et sa sœur s'inquiéteraient de lui tard dans la nuit, quand elles rentreraient de leur service au café-restaurant de Don Miguel. Des voisins partiraient à sa recherche au lever du jour. Il frissonna. Il n'avait rien pour se couvrir ni pour faire du feu. Il était bon pour une nuit entière à grelotter.

Soudain, l'extrémité d'une cordelette frappa la roche à côté de Tico. Bonheur ! Quelqu'un venait à son secours ! Il saisit la cordelette d'une main et tira deux coups dessus, le signal d'appel des pêcheurs de locos. Les mains qui tenaient l'autre extrémité répondirent par deux tractions.

Un anneau en fil de fer, porteur d'une feuille de papier pliée plusieurs fois, coulissa le long de la cordelette. Tico déplia la feuille et lut laborieusement, syllabe après syllabe : « A-ccro-che-ton-sac-au-bout-si-non-ta-sœur-pay-e. »

Un frisson de panique le secoua. Le monde des pêcheurs de locos n'était pas tendre, mais une telle horreur ne s'y était jamais vue. Il hésita. Si c'était du bluff ? Si sa sœur ne risquait rien ? Il ne pouvait pas parier là-dessus. Il accrocha son sac à la cordelette. Maintenant, il n'avait plus ni corde ni locos. Ses racketteurs pouvaient

aussi bien lui envoyer sa corde que le condamner à grelotter une nuit entière.

Un instant plus tard, le bas de sa corde lui tomba aux pieds. Pouvait-il s'y fier ? Ses racketteurs ne lui tendaient-ils pas un piège ? Il tira de toutes ses forces sur la corde. L'attache en haut de falaise résista. Il soupira de soulagement. Les racketteurs avaient simplement voulu s'approprier sa pêche du jour. Ils auraient disparu quand il atteindrait le sommet de la falaise.

Tico ne trouva effectivement pas trace de ses voleurs en arrivant au sommet. Ne voulant pas inquiéter sa mère, il prétendit avoir trouvé une houle trop forte et n'avoir rien pu pêcher. Cela arrivait souvent. Sa mère ne s'en étonna pas.

Tico fut racketté de la même manière le mardi suivant. Cette fois, les coupables l'attendaient tranquillement au sommet. C'étaient deux garçons de l'école, les frères Pépé et Emilio Gomez.

Tico les connaissait bien. Leurs parents buvaient. Leur père les battait. Ils mangeaient rarement à leur faim. Don Miguel les chargeait à l'occasion de petits travaux et de courses diverses contre un peu d'argent.

Tico voulut reprendre son sac. Les deux garçons l'en empêchèrent et le rouèrent de coups. Tico se défendit comme il put, mais il n'était pas de force, seul contre eux. Un croc-en-jambe le fit tomber. Les

coups de poing firent place à des coups de pied. Tico se roula en boule pour protéger son ventre.

– Don Miguel veut te parler, annonça Pépé après un dernier coup de pied.

– Il attend ta visite, ce soir après dîner, précisa Emilio avec un gros rire.

Les deux frères s'enfuirent avec le sac, laissant Tico se tordre de douleur sur le sol.

Après dîner, Tico se présenta à la porte des cuisines du bar-restaurant de Don Miguel. Le restaurateur-maire feignit la surprise. Il n'avait chargé les deux frères Gomez d'aucun message. Il compatit au malheur de Tico.

– Tu pourrais aller raconter ce qu'ils t'ont fait au sergent Cabral, naturellement. Mais avec les policiers, on ne sait jamais. Tu vas les voir en te croyant victime et tu te retrouves en cellule.

Tico acquiesça. Il avait entendu plus d'une fois les pêcheurs de locos se plaindre du sergent Cabral et de ses hommes. Ceux-ci étaient toujours prompts à brandir un règlement leur permettant de tirer quelques pesos des poches des plus pauvres.

– Je suis déjà venu en aide à ta mère et à ta sœur, ajouta Don Miguel. Je les emploie plus par

charité que pour ce qu'elles me rapportent. Tu sais comment je suis, toujours à m'occuper des autres, comme si j'étais responsable de chaque famille de la commune. Je vais parler à ces deux garçons. Ils ne recommenceront pas.

Don Miguel parut réfléchir.

– Naturellement, tout service mérite une petite compensation, observa-t-il en sortant de ses pensées. Mais tu vends déjà tous tes locos à ce brave Juan. Tu n'as rien à me proposer. À moins que tu laisses tomber Juan...

Comme tous les enfants, Tico avait entendu des adultes raconter qu'il fallait se méfier de Don Miguel, que l'homme était retors et ses affaires souvent malhonnêtes. Ce qu'on racontait était donc vrai ! Tico se rendit compte qu'il était piégé. Il dut assurer au restaurateur-maire l'exclusivité de sa pêche, un tiers au-dessous du prix que le grand Juan lui payait.

Le grand Juan fit grise mine quand Tico lui annonça la mauvaise nouvelle. Mais il ne pouvait que s'incliner. Il connaissait bien Don Miguel et ses pratiques. Plusieurs expériences douloureuses lui avaient appris à se tenir à distance des affaires du restaurateur-maire. Il savait que l'homme était capable de s'en prendre à la sœur de Tico si le garçon s'aventurait à lui résister.

# 5
# Le journal

Les frères Gomez revinrent souvent à la pointe du Galion, non plus pour racketter Tico, mais pour lui transmettre des demandes pressantes de Don Miguel. Le restaurateur-maire voulait toujours plus de gros locos.

À chaque fois, la menace était la même : si Tico n'obéissait pas, sa sœur payerait. Le garçon allongea ses séances de pêche et prit plus de risques.

Le soir, fatigué et soucieux, il écoutait les explications de mademoiselle Juana d'une oreille de plus en plus distraite. Une fois, il s'endormit pendant le cours. Perplexe, la jeune femme le laissa dormir un moment. Puis elle le réveilla doucement et le questionna.

Tico tenta d'éluder. Oui, il était fatigué. Mais ce n'était rien. Ça passerait.

Il avait servi un peu plus tôt la même histoire à sa mère, qui s'en était contentée. Mademoiselle

Juana ne s'en contenta pas. Elle le questionna fermement. Il s'emmêla dans des explications invraisemblables et dut finalement avouer la vérité. Don Miguel l'exploitait. Comme il exploitait sa mère et sa sœur. Comme il exploitait un bon quart de la population du village.

– Il faut que cela cesse ! s'écria mademoiselle Juana.

Le lendemain, elle se rendit au poste de police. Mais le sergent Cabral refusa de l'écouter.

– Si j'enregistrais toutes les médisances qui se colportent sur Don Miguel, j'y passerais mes journées, dit-il. Les hommes de bien comme lui sont toujours jalousés.

Le jour suivant, la porte de l'appartement de mademoiselle Juana fut forcée pendant la classe et des visiteurs anonymes cassèrent tout ce qui pouvait l'être. La jeune femme jeta le lendemain au visage du sergent Cabral la liste détaillée des

dégâts. Deux jours plus tard, deux hommes cagoulés jaillirent d'une ruelle au moment où mademoiselle Juana rentrait chez elle et la rouèrent de coups. Le visage tuméfié, elle alla le lendemain matin par le premier car porter plainte au commissariat central de Talcahuano. Le policier de garde lui demanda de décrire ses agresseurs. Elle le toisa et lui répondit froidement :

– Le plus grand avait la taille et la voix du sergent Cabral, le chef de poste du village. Le plus petit avait tout de son adjoint.

Le policier de garde ne prit sa déposition qu'après en avoir référé à son chef, qui la déchira en menus morceaux, aussitôt la jeune femme partie. Le lendemain, le sergent Cabral la saisit par le bras en pleine rue et lui jeta au visage :

– Si tu retournes à Talcahuano, tu risques beaucoup plus que des coups. Tu mets ta vie même en jeu.

– Je sais, répondit mademoiselle Juana. Mais j'ai dans mon jeu deux atouts qui devraient te faire réfléchir.

Elle joua son premier atout le lendemain. Le grand Juan, à qui Tico livrait ses locos avant, était amoureux d'elle. Tout lui était bon pour la retenir à portée de compliments. Mademoiselle Juana lui offrit son oreille pour y déverser ce qu'il savait de Don Miguel.

Le grand Juan en savait beaucoup. Les coquillages achetés par Don Miguel à Tico et aux autres ne restaient pas au Chili. Ils étaient extraits de leur coquille dans un entrepôt, congelés, empaquetés sous l'appellation de « steaks d'ormeaux[1] sauvages » et expédiés aux États-Unis. Cette tricherie multipliait leur prix par trois.

1. Ormeau : coquillage dont la chair ressemble à celle du loco, mais qui est plus rare, plus recherché et plus cher que le loco.

S'attaquer à Don Miguel était au-dessus des capacités du grand Juan. Mais il était prêt à aider qui oserait s'en prendre au restaurateur-maire. Avec ce qu'il lui apprit, mademoiselle Juana joua son deuxième atout : son cousin Estebán, journaliste au journal *El Sur*.

Estebán vint sur place sous le prétexte d'un article sur le commerce des locos, en se gardant bien de mentionner sa parenté avec mademoiselle Juana. Il rencontra Tico, le grand Juan et Don Miguel. Il fit une enquête approfondie chez les grossistes de Talcahuano et les exportateurs de Valparaiso. Il en sortit un long article montrant Don Miguel sous son vrai jour : l'exploiteur des pauvres. Un encart intitulé « Le roi des locos » présentait une de ses victimes, Tico, le meilleur pêcheur de locos du Sud.

Quand le journal arriva au village, le patron du tabac-journaux se précipita avec un exemplaire au

restaurant de Don Miguel. Le restaurateur-maire entra dans une violente colère.

– Quelqu'un en a-t-il acheté ? demanda-t-il.

– Non, monsieur, personne pour l'instant.

– Tu m'apportes tout le lot. Si des clients le demandent, tu leur dis que *El Sur* d'aujourd'hui n'est pas arrivé.

– Bien, monsieur.

Le patron du tabac-journaux fila chercher le paquet. Sa jeune vendeuse se garda bien de lui dire, en le voyant revenir, qu'elle avait glissé sous le comptoir l'exemplaire qu'elle était en train de lire.

Dès qu'il fut reparti vers le restaurant de Don Miguel, elle se glissa dehors par la porte de derrière et courut porter le journal à son frère, le grand Juan.

Le grand Juan jeta à sa sœur :

– Il va essayer de faire disparaître Tico ! Je file à la pointe du Galion. Préviens tout de suite mademoiselle Juana.

Effectivement, Don Miguel avait fait appeler les frères Gomez. Il était en rage contre Tico, le grand Juan et tous ceux qu'il soupçonnait d'avoir parlé sans se nommer à ce maudit journaliste de *El Sur*. Il était en train de charger les frères Gomez d'arranger un accident qui empêcherait d'autres journalistes de parler à Tico.

Le grand Juan arriva le premier à la pointe du Galion. Les frères Gomez suivirent quelques minutes plus tard, mademoiselle Juana sur leurs talons.

Les deux partis se firent face avec des couteaux dans les yeux. Ils allaient en venir aux mains quand la vieille Jeep du garagiste, débordant de passagers et de matériel, arriva en cahotant lourdement sur la piste. Une équipe de la télévision nationale venait tourner une séquence sur « le roi des locos ».

Quand Tico apparut au bord de la falaise, une heure plus tard, trois caméras de télévision et une nuée d'appareils de photo l'attendaient. Une douzaine de mains tendaient des micros vers « le roi des locos » pour recueillir ses premiers mots.

Les frères Gomez faisaient grise mine. Le grand Juan les montra du doigt à mademoiselle Juana :

– Notre Tico est devenu célèbre, commenta-t-il. Le faire disparaître discrètement dans un accident est devenu impensable.

Son autre bras se posa doucement sur les épaules de mademoiselle Juana. La jeune femme ne l'écarta pas.

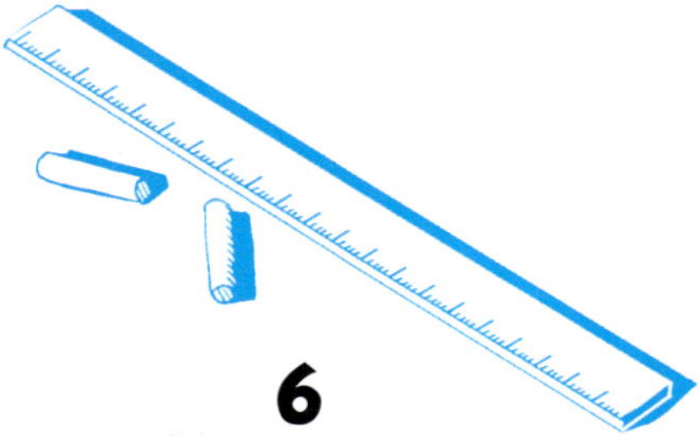

# 6
# Épilogue

Six ans ont passé depuis ce jour, qu'on appelle maintenant au village « le jour où Don Miguel est parti ». Personne ne sait ce qu'il est devenu après avoir fui la meute de journalistes qui le poursuivait.

Les frères Gomez partagent une cellule de la prison de Talcahuano, après un braquage de station d'essence qui a mal tourné.

Le sergent Cabral a été muté dans un poste perdu du fin fond de la Patagonie[1].

Mademoiselle Juana enseigne toujours. Mais on lui dit « Madame » : elle est mariée avec le grand Juan, le nouveau maire du village.

1. La Patagonie est une région située au sud du Chili et de l'Argentine.

## Tiens Bon, Tico !

Tico ne prend plus de cours du soir et ne pêche plus de locos, sauf pour son plaisir. Il étudie au collège de Talcahuano, grâce à une bourse qu'Estebán lui a obtenue. Après le collège, il fera des études de journalisme. Plus tard, comme Estebán, il voyagera d'un bout à l'autre du Chili. Il racontera le quotidien de ceux qui travaillent et il dénoncera les trafics de ceux qui abusent des autres.

## Des premiers romans à dévorer tout seul !

### Vie quotidienne

### Humour

### Frisson

### Conte

### Aventure

J'AIME LIRE PLUS

## Encore plus de lecture !

## Des histoires plus longues pour les lecteurs gourmands !

Des textes plus longs que les J'aime Lire classiques, toujours illustrés, pour les lecteurs confirmés, qui ont envie d'aventure, de frissons, d'histoires de la vie de tous les jours.

**64 pages**

*Les meilleurs romans du magazine* DLIRE

Achevé d'imprimé en février 2012 par Pollina S.A.
85400 LUÇON - N° Impression : L60036b
Imprimé en France